AF461752

CONSIDERATIONS POLITIQVES

POVR ENTREPRENDRE LA GVERRE CONTRE L'ESPAGNE,

Traduites de l'Anglois de Messire François Bacon Grand Chancelier d'Angleterre.

Par le sieur MAVGARS Conseiller, Secretaire, Interprete du Roy en langue Angloise.

Dediées à Monseigneur le Cardinal Duc de RICHELIEV.

A PARIS.

Chez SEBASTIEN CRAMOISY ruë Sainct Iacques, aux Cicognes.

M. DC. XXXIV.

AVEC PRIVILEGE DV ROY.

A MONSEIGNEVR
LE CARDINAL DVC DE RICHELIEV.

ONSEIGNEVR,

Ces Considerations Politiques n'estoient que des idées en l'esprit de Bacon ; mais toute l'Europe reconnoist à present, que vostre Eminence par des maximes b ien plus soli-

des, en a faict ressentir les veritables effects à cette orgueilleuse maison d'Austriche, qui a esté contrainte de s'humilier sous vos inuincibles conseils. Elle confesse maintenant que tous les artifices dont elle s'est seruie, pour fomenter la Rebellion en ce Royaume, sont vains & inutiles par la prise de la Rochelle. Elle aduoüe franchement que toutes les intelligences & les intrigues qu'elle a eües auec les Princes Estrangers pour chocquer la France, sont renuersées & aneanties, tant par la défaicte de Ré, par le secours de Cazal, que par les prises de Suze & de Pignerol. Mais elle creue de dépit que la Capitale ville de la ligue qu'elle a depuis tant d'années entretenuë dans nos Prouinces, serue auiourd'huy d'ornement & d'accroissement à vostre gloire; Et voyant que les portes de l'Allemagne, aussi bien que celles de l'Italie vous sont ouuertes; elle craint que vous ne faciez triompher le Roy dans les lieux où ses predecesseurs ont desia regné; & tremble de peur que vous ne luy ostiez le Sceptre Imperial, pour le rendre hereditaire en la maison de Bourbon. Cette entreprise vous sera desormais tres-facile, toutes choses y contribuent: Il n'y a point d'armes ny de forteresses qui soient à l'épreuue de vos genereux conseils: Les forces du Roy ne sont *que trop puiſſantes pour de ſi grands deſſeins. C'eſt pourquoy ie pourrois dire à mon Autheur, s'il viuoit à preſent, ce qu'autrefois Themiſtocle diſt à vn Deputé d'vne petite ville, qui luy faiſoit vn long diſcours, pour le porter à faire la guerre.* Eſtranger tes propos ſont fort bons, mais ils ont beſoin d'vne plus puiſſante ville que la tienne pour les executer. *La voicy cette puiſſante ville: le voicy ce Roy triomphant aſſiſté de vos ſages conſeils, qui peut auec ſes propres forces reduire l'Eſpagnol dans ſon ancienne Caſtille. Nous n'auons plus beſoin de mandier le ſecours des Eſtrangers: Noſtre Infanterie ne ſera plus composée de Suisses & d'Allemans; leur fuite & leur défaicte ne seront plus nostre honte; Aussi ne partageront ils plus doresnauant la gloire de nos victoires. Nous n'auons plus besoin des Nauires Holandois : & nous ne craignons plus les Ramberges d'Angleterre, ny les Gallions d'Espagne. Auiourd'huy que vostre preuoyance admirable a restably la Marine par la fabrique de quantité de bons vaisseaux, qui feront regner le Roy sur la mer, aussi bien que sur la terre. Ces raisons, Monseigneur, m'ont donné la hardiesse de presenter tres-humblement à V. E. ce petit Traicté, non pas pour vous fournir les moyens, de reuſſir en ces hautes entrepriſes; puiſque c'eſt vous ſeul qui eſtes capable d'en donner à toute l'Europe; Mais bien pour vous ſeruir de quelque diuertiſſement, en vous faiſant voir les deſſeins des choſes, dont vous auez deſia executé la meilleure part: Et pour faire toucher au doigt aux mauuais François, que les plus fidelles Miniſtres des Princes Eſtrangers ont touſiours conſpiré à l'humiliation de ce ſuperbe Eſtat qui tend à la Monarchie. Si ie ſuis aſſez heureux, Monſeigneur, que cette traduction vous plaiſe, cela me redoublera le courage, de vous donner dans peu de iours vn grand diſ-*

cours

cours de la Nauigation, que ie traduis d'vn excellent Autheur Anglois, pour témoigner à V. E. l'extréme passion que i'ay de luy rendre toute ma vie les deuoirs d'vne tres-humble seruitude, estant

MONSEIGNEVR,

De Vostre Eminence

Tres-obeïssant & tres-fidelle seruiteur
MAVGARS.

é

IN RATIONES BACONIS POLITICAS EMINENTISSIMO CARDINALI DVCI DICATAS.

QVOD Baco compoſuit, vertit Maugartius, iſtud
MAGNO RICHELIO iure dicatur opus.
Cognita dum ſolis hæc ſcripta fuere Britannis,
Audaci deerant robora conſilio.
Nunc te, docte Baco, facient toto orbe timendum,
RICHELII artifices cùm ſubiere manus.
Incipe formidare tuis Hiſpania ſceptris,
Incipe; nempe quod hic conſulit, iſte geret.

C. OGERIVS.

Extraict du Priuilege du Roy.

PAr grace & Priuilege du Roy, il eſt permis à Sebaſtien Cramoiſy Marchand Libraire Iuré Bourgeois de Paris, d'imprimer ou faire imprimer, vendre & debiter vn Liure intitulé, *Conſiderations Politiques pour entreprendre la guerre contre l'Eſpagne, traduites de l'Anglois de Meſsire François Bacon Grand Chancelier d'Angleterre; Par le ſieur* MAVGARS, *Conſeiller, Secretaire, Interprete du Roy en langue Angloiſe*; &c. pour le temps & eſpace de dix ans. Et defenſes ſont faites à tous Libraires & Imprimeurs, & autres perſonnes de quelque qualité & condition qu'ils ſoient, d'imprimer ou faire imprimer, vendre ny debiter ledit Liure durant ledit temps, à peine de deux mil liures d'amende, confiſcation des exemplaires, & autres peines portées par ledit Priuilege. Donné à Sainct Germain en Laye le dix-ſeptieſme Decembre mil ſix cens trente trois, & du regne de ſa Majeſté le vingt-quatre.

Signé, Par le Roy en ſon Conſeil, POITEVIN.

CONSIDERATIONS POLITIQVES,

Pour entreprendre la guerre contre l'Eſpagne.

AV PRINCE DE GALLES.

A preſent Roy de la grãde Bretagne.

MONSEIGNEVR,

Voſtre Alteſſe a vn nom d'Empereur. Vn Charles a le premier apporté l'Empire en France; vn autre Charles le tranſporta le premier en l'Eſpagne; pourquoy la grande Bretagne n'aura t'elle pas ſon tour? Mais pour parler auec plus de ſolidité, laiſſant à part tout ce qui tient de la vanité & de la flaterie: Entreprendre la guerre contre l'Eſpagne, eſt vne œuure digne de conſideration, & qui a

Il faut remarquer qu'il y a enuiron neuf ans que l'Autheur a composé ce diſcours.

besoin de grãds preparatifs, & d'vne extréme diligēnce. Celuy qui ne parle pas de la sorte, est veritablement zelé pour sa patrie, mais d'vn zele despourueu de connoissance. L'Espagnol neantmoins n'est pas vn Geant, comme on nous le voudroit bien faire à croire. Et celuy qui pense que l'Espagne est beaucoup plus puissante que cét Estat, assisté comme il est, & comme il peut estre, n'est pas vn grand homme d'Estat. Ce seroit iuger de la grandeur des Royaumes par l'apparence, & par le courant de leur fortune, & non pas par leur propre valeur, & par leurs veritables forces. C'est pourquoy, bien que i'eusse entierement éloigné mes pensées des affaires publiques, voyant toutefois que c'est icy vn nouueau subiet qui importe infiniement à ma patrie; ie me suis en fin resolu d'escrire ce que i'ay appris de cette matiere, tant par la longue & continuelle experience que i'ay eu des affaires d'Estat, que par la lecture des plus excellens liures de politique & d'histoires. C'est ce que ie presẽte humblemẽt à V. A. afin qu'au moins elle reconnoisse dans la foiblesse de ma capacité la force de mon affection, conformément au prouerbe Espagnol, *desuario siempre con la caleutúra*, il n'y eut iamais chaleur d'affection, qui ne fust accompagnée de quelque foiblesse.

Trois choses sont necessaires pour entreprendre vne guerre legitime. Que la querelle soit iuste. Qu'on ayt des forces & des prouisions suffisantes ; & que l'on face vn bon choix des desseins. Premierement ie iustifieray le merite de la querelle ; Secondement ie balanceray les forces ; Et enfin ie proposeray plusieurs desseins differents sans en determiner le choix : parce que ce n'est pas vne chose qui se puisse faire facilement dedans vn discours de cette nature, ny vne matiere dont ie sois maintenant capable, n'estant auiourd'huy en effet qu'vn estranger dans les presentes occurences.

Les guerres à proprement parler (ie n'entens pas celles qui n'ont pour but que l'ambition ou le pillage) sont des procés d'appel au Tribunal de la Iustice de Dieu, n'y ayant point de Superieurs en terre pour les terminer. Ce sont comme aux procez ciuils, des plaintes, ou des defenses. Nous auons donc trois iustes fondemens de guerre contre l'Espagne; le premier d'vne plainte, & les deux autres de defenses. Salomon dit que la corde faite de trois cordons, ne se rompt pas aisément, principalement quand chacun des cordons est fort de luy-mesme. Voicy nos trois fondemens; Le recouurement du Palatinat, la iuste crainte de la subuersion de nostre Estat, & encor vne iuste crainte de la subuersion de nos Eglises & de nostre Religion. En traictant des deux derniers fondemens de guerre, ie vous feray voir clairement, que les guerres que l'on preuient sur de iustes craintes, sont vrayes guerres defensiues aussi bien que si c'estoit sur des inuasions actiues: & dauantage que les guerres defensiues pour la religion (ie ne parle pas de la rebellion) sont tres-iustes; encores que les guerres offensiues qu'on fait pour la religion, doiuent estre fort peu souuent approuuées, si elles n'ont quelque meslange de titres & d'interests ciuils. Tout ce que ie diray sur ce sujet sera semblable à vn plotton de fil, dont on peut faire auec l'aiguille de fort beaux ouurages.

Pour establir la iustice de la querelle, touchant le recouurement du Palatinat, ie ne monteray point si haut que de discuter le droict de la guerre de Boheme : que si il est hors de doute de nostre costé, alors il n'y a point de couleur ny d'ombrage, pourquoy l'on retient le Palatinat, ce rauissement estant vn renuy de la premiere iniure, & vne surcharge d'iniustice. Mais ie ne me croy point si sçauant dans les coustumes, transactions & priuileges du Royaume de Boheme, que ie fusse capable de traiter cette matiere; & ie ne peux pas vous donner ce dont ie ne suis pas le maistre. Neantmoins ie vous diray en passant positiuement & resolument, qu'il est impossible qu'vne Monarchie electiue, soit aussi libre & aussi absoluë qu'vne hereditaire: non plus qu'il est possible à vn pere d'auoir autant de puissance & d'interest, sur vn fils adoptif, que sur vn naturel, *quia naturalis obligatio fortior ciuili*: Ioint que cette maxime vulgairement receuë est presque infaillible, *nil magis naturæ consentaneum est, quàm vt iisdem modis res dissoluantur, quibus constituuntur:* De sorte que si le peuple a part & droict en l'election d'vn Prince, vous ne le pouuez pas priuer du droit de son suffrage, lors qu'il s'agit de la destitution ou translation du mesme Prince. Que si l'on dit que c'est vne dangereuse opinion pour les Papes, Empereurs, & Roys electifs, il est vray qu'elle est & doit estre tres-dangereuse à la personne de ces Papes, Empereurs, & Roys electifs, qui passent les bornes de leur deuoir, & deuiennent tyrans. Mais c'est vne tres-saine & tres-salutaire opinion, pour leurs Sieges, Empires & Royaumes, & pour eux-mesmes, s'ils sont sages, *plenitudo potestatis est plenitudo tempestatis*. Or la principale cause pourquoy ie n'examine pas ce point, est parce que ie n'en ay pas de besoin, & qu'en traitant du droit de la guerre, ie ne veux pas mesler les matieres douteuses auec celles qui sont hors de doute. Car de mesme que dans les causes criminelles, où il y va de la vie d'vn homme, *in fauorem vitæ*, il faut que les preuues soient bien claires; dautant plus doiuent elles estre euidentes dans le iugement de la guerre, où il y va de la vie d'vn million de personnes. Ie prens l'affaire au pis, & demeure d'accord, que la guerre entreprise par le Comte Palatin, sur la Boheme, a esté iniuste; & puis faites l'argument, qui n'est pas plustost fait que resolu. Le voicy en la these. L'on fait vne guerre offensiue qui est iniuste de la part de l'agresseur, la poursuite de la guerre porte le defendant à assaillir & enuahir l'ancien & indubitable patrimoine du premier agresseur, qui deuient alors defendeur; Demeurera t'il sans rien faire? Ne se mettra t'il point en defense? ou s'il est depossedé, ne fera t'il pas la guerre pour le recouurement? Il n'y a personne qui soit si priué de iugement qui ne le doiue affirmer. Le fort de la Cadmée fut pris par Phœbidas Lacedemonien, & la cité de Thebes inuestie par embusches, & en violãt l'alliance. Dans la suite de l'actiõ, le Fort fut repris & la ville recouurée, & la guerre portée iusques aux murailles de Sparte. Ie demande, la defense de la ville de Sparte & l'expulsion des Thebains hors de l'ancien territoire de la Laconie, estoit-elle iniuste? La prise que firent les Venitiens sur les François de cette partie du Duché de Milan, scituée sur la riuiere d'Adde, fut tres-ambitieuſe & tres-iniuſte ; cela attira la guerre ſur les Venitiens auec vne telle tempeſte , que Padouë & Treuiſe furent priſes ſur eux , & tout le domaine qu'ils auoient dans le continent de l'Italie abandonné , & eux confinez dans leurs eaux ſalées. Quelqu'vn dira t'il que ce memorable recouuremẽt de Padouë, & la defenſe qu'ils en firent, (lors que tous les gentilshommes Venitiens, qui d'ailleurs n'eſtoient pas fort belliqueux, pour la grande affection qu'ils portent à leur patrie, deuindrẽt dés le premier iour aguerris,) & auſſi que la repriſe de Treuiſe, & de tout le reſte de leur terre, fuſt iniuſte ? à cauſe que leur querelle auoit eu vn mauuais fondement ? La guerre du Duc d'Vrbin neueu de Iule ſecond, quand il ſe fit chef des mutins Eſpagnols, fut la plus iniuſte du monde ; vn ſupport de rebelles deſeſperez, vne inuaſion du patrimoine de Sainct Pierre : le ſort de la guerre tomba ſur le Duc par la perte de ſon Eſtat, dont le droict luy eſtoit indubitable : neantmoins il n'y eut point de Penitencier qui luy euſt conſeillé d'abandonner ſon bien, encores qu'il luy euſt enioint vne tres-rude peni-

penitence, pour expier la premiere offense; car apres il reprit son Duché tres-heureusement, qui est demeuré dans sa famille iusques auiourd'huy. Il n'y a iamais eu rien de plus iniuste que l'inuasion de l'armée Espagnole sur nos mers en l'année mil cinq cens quatre vingts huict: nostre terre leur estoit vne terre saincte, ils ne deuoient pas y aborder. Diray-ie donc que la defense que firent les Espagnols de Lisbone & de Calis estoit iniuste? Il y a mille exemples sur ce subiet; *Vtor in re non dubia exemplis non necessariis*; la raison en est claire. Les guerres ne sont que vengeances & reparations, lesquelles ne doiuent durer que selon la durée & la qualité des iniures receuës. Et c'est pourquoy, lors qu'vne guerre offensiue volontaire se change par la fortune de la guerre, en vne guerre defensiue necessaire, la Scene de la Tragedie est aussi changée, & faut commencer vn nouuel Acte. Car encore que les actions particulieres de la guerre soient impliquées de faict, elles ont neantmoins de part & d'autre leurs droicts differens, & leurs raisons diuerses. Semblable aux procez difficiles, qui ont quelquesfois apparence de droict & de iustice des deux costez. Mais cecy est si clair, qu'il n'est pas besoin d'y insister dauantage. Et neantmoins s'il estoit necessaire d'en dire mon aduis; ie dirois que nostre cause est la meilleure; puisque l'Empereur est maintenant en possession paisible de la Boheme. Et bien qu'il soit vray que *non datur compensatio iniuriarum*, il y auroit eu bien plus d'apparence de retenir le Palatinat par forme de represaille, si la Boheme eust esté perdue, ou qu'elle fust encore le Theatre de la guerre. Ie n'en parleray pas dauantage. Quant au tiltre de forfaicture, sur lequel l'Empereur s'est rendu iuge & partie, & s'est faict iustice à luy-mesme, ie n'en diray que ce mot. Il y auroit bien des affaires en Allemagne, Italie, & autres lieux, s'il falloit que les forfaictures & confiscations que donne l'Empereur, passassent pour de bons & vallables tiltres.

Voila pour ce qui est du premier fondement de guerre, que nous auons contre l'Espagne, par forme de plainte touchant le recouurement du Palatinat. Passant souz silence tout ce qui donneroit occasion d'vn plus grand discours, & que ie pourrois verifier par vn grand nombre d'exemples: sçauoir, que tout ce qu'on gagne par vn traicté frauduleux, doit estre restitué *in integrum*, ainsi que nous voyons tous les iours des exemples de cecy, dans les instances ciuiles (car les images des grandes choses, se voyent quelquesfois bien mieux raccourcies dans la glace d'vn petit miroüer.) Nous voyons, disie, que quand l'vne des parties se laisse endormir, souz pretexte d'arbitrage ou d'accord, & que l'autre partie durant ce temps-là gagne artificieusemenr quelque aduantage; la Cour neantmoins remet les choses comme elles estoient auparauant, sans auoir égard à toutes ces surprises. En fin, que personne ne s'abuse, quand ie parle de la guerre pour le recouurement du Palatinat, ie n'entens pas que la guerre se face seulement en ce païs là directement, mais par tout ailleurs où l'ennemy possede quelque chose: car examinés ce que les antiens appelloient *ius fæciale*, & toutes les exemples; & vous trouuerés qu'il n'y a aucun scrupule, qu'apres vne ambaſſade *ad res repetendas*, apres vn refus, & vne denonciation de guerre, la guerre n'eſt plus reſtreinte dans le lieu de la querelle; mais vn chacun prend ſon aduantage où il peut, & où ſes deſſeins le conduiſent.

Ie viens au ſecond fondement de guerre que nous auons contre l'Eſpagne. C'eſt à ſçauoir, vne iuſte crainte de la ſubuerſion de noſtre Eſtat. La guerre n'eſt donc pas pour le Palatinat ſeulement, mais pour l'Angleterre, l'Eſcoſſe, l'Irlande, pour noſtre Prince, pour noſtre Patrie; bref pour tout ce que nous poſſedons. Surquoy ie dois vous prouuer deux choſes : l'vne qu'vne iuſte crainte ſans aucune inuaſion ou offenſe eſt vn fondement ſuffiſant de guerre, & paſſe en nature d'vne defenſiue. L'autre, que nous auons aſſez de cauſe de iuſte crainte de la part d'Eſpagne. Ie dis de iuſte crainte: & comme les Iuriſconſultes donnent vne fort bonne definition en la cauſe particuliere, que la crainte legale, *eſt iuſtus metus qui cadit in conſtantem virum*; Auſſi pour la cauſe publique, *eſt iuſtus metus qui cadit in conſtantem Senatum*. Ie n'entens pas de celles qui prouiennent de ſimples ombrages de ialouſies, & de legeres apprehenſions, mais d'vne claire preuoyance d'vn danger éminent.

Touchant la premiere propoſition, il eſt à propos d'entendre ce que les ſiecles paſſez nous ont appris. Thucydide en ſon hiſtoire de la guerre Peloponeſiaque, dit en termes bien clairs, que la vraye cauſe de la guerre, eſtoit ceſte grandeur touſiours croiſſante des Atheniens, & la crainte que les Lacedemoniens en auoient, & ne feint point de l'appeller, vne neceſſité impoſée aux Lacedemoniens de faire la guerre, qui ſont les mots d'vne pure defenſiue, adiouſtant que les autres cauſes n'eſtoient que des pretextes ſpecieux & populaires: *Veriſsimam quidem, ſed minimè ſermone celebratam, arbitror extitiſſe belli cauſam, Athenienſes magnos effectos, & Lacedemoniis formidoloſos, neceſsitatem illis impoſuiſſe bellandi: Quæ autem propalauit ferebantur, vtrinque cauſæ iſtæ fuerunt.* Ie croy que la veritable cauſe de la guerre, quoy que ce ſoit celle qui ait eſté la moins diuulguée, eſt que les Atheniens eſtans deuenus grands & puiſſants, & par consequent formidables à leurs ennemis, imposerent aux Lacedemoniens vne absoluë necessité de faire la guerre : mais les causes qu'on alleguoit de part & d'autre publiquement, estoient telles &c. Lors que Sulpitius Galba Consul persuadoit aux Romains de preuenir la guerre contre le dernier Philippe Roy de Macedoine, à cause des grands preparatifs qu'il faisoit, & que ses desseins tendoient à ruiner quelques vns des confederez des Romains; il parloit auec asseurance, & eux qui n'entendoient pas sa conception, la prenoient pour vne guerre offensiue. *Ignorare videmini Quirites, non vtrum bellum an pacem habeatis vos consuli, neque enim liberum id vobis permittet Philippus, qui terra marique nigens bellum molitur; sed vtrum in Macedoniam Legiones transportetis, an hostem in Italiam recipietis.* Il me semble Romains, que c'est folie de consulter, si vous aurez la guerre ou la paix; Philippe donnera bon ordre que vous n'en ferez pas le choix; luy qui vous prepare vne puissante guerre, tant pat mer que par terre; mais il faut sçauoir si vous transporterez la guerre en Macedoine, ou si vous la receurez en Italie. Lors que Antiochus incitoit Prusias Roy de Bithynie, qui estoit ligué en ce temps-là auec les Romains, de se ioindre auec luy pour leur faire la guerre : Il luy representoit vne iuste crainte, de cette grandeur démesurée des Romains qui s'espandoit par tout, la comparant au feu qui estoit tousiours allumé, & qui passoit de Royaume en Royaume, *Venire Romanos ad omnia regna tollenda, vt nullum vsquam orbis terrarum nisi Romanum imperium esset, Philippum & Nabim expugnatos, se tertium peti; vt quisque proximus ab oppresso sit, per omnes velut continens incendium peruasurum*. Que les Romains venoient pour enuahir tous les Royaumes, & pour rendre Rome la Monarchie vniuerselle du monde, que Philippe & Nabis estoient desia ruinez, & que c'estoit à son tour d'estre attaqué, & qu'il deuoit craindre que comme il estoit le plus proche, que le feu ne l'embrasast bien tost. Sur quoy il faut remarquer que *crescunt argumenta iusti metus*; considerant ces Estats ambitieux, que tout le monde sçait qui aspirent à la Monarchie vniuerselle, & qui cherchent toutes ſortes d'occaſions d'eſtendre leurs limites. C'eſt pourquoy dans les deliberations de guerre qu'on a priſes contre le Turc, on a ſouſtenu auec iugement, que les Princes Chreſtiens auoient touſiours vn ſuffiſant fondement de guerre contre l'Ennemy, non ſeulement pour la cauſe de la Religion: mais ſur vne iuſte crainte; & dautant plus qu'il y a vne loy fondamentale parmy les Turcs, qu'ils peuuent en tout temps ſans eſtre prouoquez faire la guerre en la Chreſtienté, pour la propagation de leur loy : de ſorte qu'vne perpetuelle crainte de guerre pend ſur la teſte des Chreſtiens; Et partant ils peuuent quand bon leur ſemblera les preuenir. Demoſthene ſe mocque des guerres qui ne ſont pas offenſiues, comparant ceux qui les font à des Payſans qui s'eſcriment dans vne ſalle, leſquels ne ſe mettent iamais ſur leurs gardes, qu'ils n'ayent receu le coup. *Vt barbari pugiles dimicare ſolent, ita vos bellum geritis cum Philippo, ex his enim is qui ictus eſt, ictui ſemper inhæret, quod ſi eum alibi verberes, illo manus transfert, ictum autem depellere, aut proſpicere, neque ſcit, ne-*

que

que vult. Clinias Candiot parle dans Platon, d'vne façon cruelle & desesperée, comme s'il ne deuoit point auoir de paix parmy les hommes, & que chaque nation deust prendre son aduantage pour faire la guerre contre l'autre. Toutesfois dans ce discours plein de violence, nous en pouuons tirer quelque chose de moral; sçauoir que chaque Estat doit demeurer sur ses gardes, & plustost preuenir, que d'estre preuenu. Voicy ses mots: *Quam rem ferè vocant pacem, nudum & inane nomen est: reuera autem omnibus aduersus omnes ciuitates bellum sempiternum perdurat.* Ce que la plus part des hommes nomment paix, ce n'est qu'vn nom en l'air; il y a tousiours veritablement parmy les Estats vne guerre secrette. Ie sçay fort bien que ce passage n'est que l'obiection, & nō pas la decision; & que puis apres il le refute: mais neantmoins comme i'ay dict cy-deuant, l'on en peut tirer cecy de veritable; que si cette generale malignité & disposition à la guerre, qu'il se figure faussement estre parmy les nations, prouient d'vne iuste crainte d'estre oppressé; ce n'est plus alors

BIBLIOTHÈQUE IMPÉRIALE R.F.

vne veritable paix, ce n'en eſt plus que le nom.

Quant à l'opinion d'Iphicrate Athenien, elle approche fort de celle de Clinias ; ne voulant pas ſeulement pour faire la guerre, vne iuſte crainte, mais diſant qu'il y a encores parmy les Republiques vne eſpece de guerre, & qu'il n'y a iamais d'alliance certaine & aſſeurée auec vos voiſins, que quand vous les auez reduits à l'impuiſſance de faire mal: comme nous voyons dans ſon traicté de paix qu'il fit auec les Lacedemoniens, où il leur dit fort intelligiblement, qu'il n'y auroit iamais de paix veritable & aſſeurée entre eux, s'ils ne ſe ſoumettoient à des conditions, qui eſtant vne fois accordées, il ne ſeroit plus doreſnauant à leur pouuoir de faire mal aux Atheniens, encore qu'ils le vouluſſent. Et pour dire vray, ſi vous l'auez bien remarqué: ç'a eſté de tout temps vne des plus ordinaires maximes des bons Miniſtres d'Eſtat, de veiller continuellement que les Eſtats voiſins n'empietaſſent ſur les Princes qu'ils ſeruoient, ſoit par approches, ou accroiſſement de leurs terres, ou en ruinant les

Confederez, ou empeſchant le commerce, ou par autres moyens ſemblables : & quand ils ont eſté preuenus de quelques vnes de ces entrepriſes, leur faire payer par vne forte guerre, & ne faire iamais la paix, qu'auec vn aduantage ſignalé. C'eſt vne choſe bien memorable, & qui eſt encores auiourd'huy auſſi recente, comme ſi elle eſtoit arriuée depuis peu de iours ; combien ce triumuirat de Roys, Henry huictieſme d'Angleterre, François premier de France, & Charles cinquieſme Empereur & Roy d'Eſpagne, ont eſté preuoyans en leurs temps, qu'à peine l'vn des trois a pû gagner vn pied de terre, que les deux autres ne fiſſent tout incontinent leurs efforts, de remettre les affaires de l'Europe en vne égale balance. On vſa de la meſme preuoyance au ſiecle precedent, par cette ligue qui fut faicte expreſſément contre la trop grande puiſſance des Venitiens, entre Ferdinand Roy de Naples, Laurens de Medicis Duc de Florence, & Louys Sforce Duc de Milan, ainſi que rapporte Guicciardin au commencement de ſon Hiſtoire, en faiſant comme vn Kalendrier des bons iours d'Italie; mais ce fut de ſorte que les Confederez auoient perpetuellement l'œil l'vn ſur l'autre, de peur que l'vn d'eux ne ſurpaſſaſt ſes bornes. Pour conclure, bien que quelques Scholaſtiques, plus propres à manier des plumes que des eſpées, ſemblent eſtre de cét aduis, qu'vne guerre offenſiue, doit eſtre, *vltio*, reuanche, qui preſuppoſe vn aſſaut & vne iniure precedente; Ils ne viennent pas pourtant à ce point que nous traictons, d'vne iuſte crainte: ny meſme ils n'ont pas aſſez d'authorité de iuger cette queſtion, contre tous les exemples des Hiſtoires. Car certainement tant que les hommes ſeront hommes, fils de Prometée, comme diſent les Poetes, & non pas d'Epimetée: & tant que la raiſon ſera raiſon: vne iuſte crainte, ſera vne iuſte cauſe d'vne guerre preuenante, & principalement s'il arriue, qu'il y ait vne nation, qu'on découure manifeſtement aſpirer à de nouuelles conqueſtes; alors on ne pourra pas iuſtement accuſer les autres Eſtats de ne point attendre le premier coup, ou de ne pas accepter la courtoiſie de Polypheme d'eſtre mangé le dernier.

I'obserue bien dauantage sur ce passage de Platon que i'ay cy-deuant cité, prenant mesme le party de celuy qui est pour la resolution cõtre l'obiection de Clinias: & prouue qu'vne iuste crainte est vne iuste cause d'vne guerre offensiue, quoy que cette crainte ne procede pas du soupçõ d'estre assailly du dehors; & que d'ailleurs les Estats voisins ne no° donnent aucun suiet de les craindre. Platon adiouste encores, que si vne Republique, dans vn mauuais temperament de son corps, craint que quelque sedition, ou quelque guerre intestine ne s'éleue parmy ses citoyens: elle pourra se décharger de ses mauuaises humeurs, en entreprenant vne guerre estrangere. Ce remede fut presenté à Charles neufiesme par Gaspar de Colligny, luy persuadant par viues raisons, d'entreprendre vne guerre en Flandres pour esteindre les guerres ciuiles de France: mais ce conseil-la ne fut pas heureux, aussi n'ay-ie pas enuie de soustenir cette proposition; parce que ie n'opposeray iamais la Politique à l'Ethique: voyant que la veritable Ethique n'est qu'vne seruante de la Theologie & de la Religion.

Sainct Thomas vn des plus excellens Theologiens, arreste particulierement son style contre les passions deprauées qui regnent en faisãt la guerre, cõformément à S. Augustin; *Nocendi cupiditas, vlciscendi crudelitas, implacatus & implacabilis animus, feritas rebellandi, libido dominandi; & si quæ sunt similia, hæc sunt quæ in bellis iure culpantur.* Le mesme Sainct Thomas definissant les iustes causes de la guerre, en parle en termes generaux. *Requiritur ad bellum causa iusta, vt scilicet illi qui impugnantur propter aliquam culpam, impugnationem mereantur. Impugnatio culpæ* est vn mot bien plus general que *vltio iniuriæ.* Voila pour ce qui est de la premiere proposition du second fondement de guerre contre l'Espagne; à sçauoir qu'vne iuste crainte est vne iuste cause de guerre, & qu'vne guerre qui preuient l'Ennemy est vne vraye defensiue.

La seconde ou mineure proposition, est que ce Royaume a iuste cause de craindre d'estre ruiné par l'Espagne. Sur quoy il faut obseruer, que les craintes & les soupçons des hommes, sont tousiours accompagnez de plus d'incertitude & d'obſcurité, que leurs actions; & d'ailleurs la crainte ſe preſente ſouuent à noſtre imagination d'vne telle ſorte, qu'elle éblouïſt pluſtoſt les yeux qu'elle ne les ouure. C'eſt pourquoy ie parleray conformément au ſuiet que ie traicte, probablement, moderément, & brieuement. Ie ne vous déduiray pas auſſi ces craintes pour les appliquer aux preſentes occurrences: mais ie m'arreſteray ſeulement aux fondemens generaux, laiſſant le reſte aux conſeils ſecrets.

Croyez vous que ce ſoit peu de choſe, que la Couronne d'Eſpagne ait eſtendu ſes limites depuis ſoixante ans beaucoup plus que les Ottomans n'ont faict les leurs? Ie ne dy pas par des alliances & par des vnions, mais par armes, par occupations, & par inuaſions. Grenade, Naples, Milan, Portugal, les Indes Orientales & Occidentales ſont les vſurpations de cette Couronne. Ils auoient de grandes pretentions ſur la Bretagne, ſur vne partie de la Picardie, & du Piedmont: mais ils n'y ont pû paruenir. Ils ont auiourd'huy plus de rage & de paſſion de poſſeder la Valtoline, qu'vn vautour n'en a de prendre vne alloüette: & le Palatinat est à leur bien-seãce. De sorte qu'il n'y a rien de plus clair que cette nation Espagnolle court à l'Empire du monde, cependant que tous les Estats de la Chrestienté demeurent les bras croisez. Cõsiderez vn peu leurs tiltres, en vertu desquels ils ont acquis, & possedent encores auiourd'huy ces nouueaux Royaumes, & vous les trouuerez remplis de tant de varietez, & tellement conditionnés, qu'il est bien aisé de recognoistre qu'ils se les sont eux-mesmes fabriquez; pour nous apprendre, qu'en quelque temps qu'on les surprenne ils ne manqueront iamais de pretextes. C'est pourquoy tant de nouuelles conquestes, tant d'alarmes & d'entreprises, auec cette facilité à trouuer des pretextes dont ils se sçauent preualoir, doiuent bien seruir de réueil matin aux autres nations pour se tenir sur leurs gardes.

Viendrons nous de cette generale ambition qu'ils ont à estendre leurs limites, à cette particuliere disposition de nous mal-faire & à cette enuie qu'ils ont tousiours euë

dessus

deſſus nous. Ils ſe ſont efforcez par deux fois de s'emparer de ce Royaume d'Angleterre; vne fois par vn mariage auec la Royne Marie; & la ſeconde fois par conqueſte en quatre-vingts huict, auec des forces par mer & par terre, qui ne cedoient point à celles qu'ils ont auiourd'huy. En ce temps-la de quatre-vingts huict, il nous fut donné de fort bons aduis & veritables, que leur deſſein eſtoit, voyant que la guerre des Pays-bas tiroit de longue, & qu'elle eſtoit fomentée & entretenue par le ſecours des Anglois; qu'il n'y auoit point d'autre moyen pour la terminer, ſinõ d'aſſaillir l'Angleterre, qui ſeruoit aux Holandois d'vne porte de derriere. Hé! qui nous donnera caution, ie vous prie, qu'ils ne reprennent ce meſme conſeil & ce meſme deſſein? De ſorte que nous ſommes en vn eſtrange danger: car ſi nous ſouffrons la ruine des Holandois, qui ſont nos dehors, nous demeurerons tous nuds & démantelez. Que ſi en les ſecourant puiſſamment comme nous deuons, & les remettant ſus pied, nous n'attaquons pas incontinent l'Eſpagne; nous hazardons de changer la Scene de la guerre , & de la tourner en Irlande, ou en Angleterre: comme il arriue aux rheumes & aux defluxions, que ſi en diuertiſſant le cours du lieu affeсté, vous n'oſtez la cauſe de la maladie, elles coulent & tombent ſur d'autres parties. Ils ont encores par deux fois enuahy l'Irlande; vne fois ſous la banniere du Pape, lors qu'ils furent défaicts par le Seigneur Grey: & vne autre fois en leur nom, quand ils furent défaicts par le Seigneur Montioye. Par là vous pourrez iuger de la bonne volonté qu'ils nous portent. Mais l'on pourra dire, que c'eſt vn Almanach des années paſſées; que depuis quatre vingts huict tout a bien eſté; que l'Eſpagne n'a point aſſailly ce Royaume, bien que nous les ayons prouoquez puiſſamment par deux inuaſions que nous auons faictes ſur eux. Il eſt vray, mais auſſi conſiderez qu'immediatement apres quatre vingts huict ils furent vn long temps embroüillez, en protegeant la Ligue qui eſtoit en France; ce qui les occupoit entierement: & puis ayant eſté fort mattés par les continuelles eſtreintes que leurs donnoient les

François, ils furent contraints de ſe repoſer pour prendre halcine, & taſcher de reparer leurs premieres pertes. Mais il ſemble auiourd'huy que les choſes reuiennent en leur premier eſtat, & auec bien plus de deſauantage pour nous. Car maintenant qu'ils ont comme ioinct leurs terres de Milan à la Valtoline, du Palatinat aux Pays bas: nous voyons comme ils s'opiniaſtrent apres la ruine de ces Eſtats, ayant en meſpris preſque toute la nation Allemande; & ne craignant aucune oppoſition, ſi elle ne vient du coſté d'Angleterre. Parquoy, ou nous deuons ſouffrir la ruine des Holandois, à noſtre tres-grand preiudice, ou nous mettre au hazard, comme i'ay dict cy deuant, que l'Eſpagne ne tire au plus beau, & ne ſe iette où bon luy ſemblera. Nous ne deuons pas auſſi oublier ce danger interne & domeſtique, qui pend ſur nous du coſté des Catholiques Anglois, qui ſont bien plus affectionnez & attachez à l'Eſpagne, qu'ils n'ont eſté cy deuant. Ce qui nous doit faire reſouuenir de l'affaire de quatre-vingts huict, que le deſſein des Eſpagnols eſtoit quelques années auparauant l'inuasion, de preparer vn Party en ce Royaume, pour se ioindre à eux à leur arriuée, ainsi que nous apprismes par quantité de lettres secrettes. Ils se vantoient qu'ils abuseroient & endormiroient la Royne & son Conseil, pour ne conceuoir aucune crainte du costé des Catholiques Anglois; par ce qu'ils sçauoient bien qu'on ne ietteroit les yeux que sur quelque teste eminente, souz laquelle ils se peussent reünir: & n'en trouuant point d'assez digne, l'Estat seroit en seureté de ce costé-là, & n'auroit aucune apprehension d'eux. Sur quoy ils se proposoient de faire enuers les Peuples, tant par reconciliations, confessions, & promesses secrettes, qu'ils ne se soucieroient point d'aucun Chef. Et voicy la raison pour laquelle les Espagnols tirerent des Seminaires Anglois, des hommes qu'ils enuoyerent & disperserent par toute l'Angleterre, enuiron la vingt-troisiesme année du regne de la Royne Elisabeth; auquel temps on eut le premier soupçon de l'inuasion de l'armée Espagnole, & qu'on commença aussi à faire de seueres loix contre les Catholiques Anglois.

Et partant ils feront fort bien de changer leurs remerciemens: & en cas qu'ils remercient l'Eſpagne de la faueur qu'ils ont receuë d'elle; qu'ils la remercient auſſi de leurs perils & de leurs miſeres. Car rien n'a rendu leur affaire ſi mauuaiſe, que l'apprehenſion qu'on a euë de la grandeur d'Eſpagne: & adiouſtant la raiſon d'Eſtat au cas de conſcience & de Religion; cela a réueillé les loix contre eux. Et il ſemble qu'en quelque ſorte nous ſommes dans les meſmes termes auiourd'huy, ſi la clemence de ſa Majeſté n'y donne ordre. Ie le ſouhaite pour mon particulier, & que le procedé qu'on tient enuers eux, tende pluſtoſt à la ſeureté, & à la preuoyance de l'Eſtat, qu'à la perſecution de la Religion. Pour conclure les choſes que nous auons touchées briéuement; elles nous peuuent ſeruir comme d'vne couuerture pour le futur, pour repreſenter combien ce Royaume a iuſte cauſe de crainte du coſté de l'Eſpagne, omettant comme i'ay deſia dit toutes les occurrences preſentes & plus ſecrettes.

Le troiſieſme fondement de guerre que

nous auons contre l'Eſpagne, eſt vne iuſte crainte de la ſubuerſion de nos Egliſes & de noſtre Religion. Cecy n'a pas beſoin de beaucoup de diſcours, parce que ſi cette guerre eſt defenſiue, comme ie vous ay prouué qu'elle l'eſt; perſonne ne doutera qu'vne guerre defenſiue contre vn Eſtranger, ne ſoit permiſe, quand il y va de la Religion. Il y a bien plus de difficulté pour vne guerre offenſiue: & toutesfois ie me ſuis ſouuent eſtonné, comment les Theologiens manquent de paroles, pour perſuader la guerre de la Terre-ſaincte & du Sainct Sepulchre, & que Sainct Bernard n'en ayt pas aſſez pour la recommander. Mais moy qui obmets dans ce petit abregé les choſes neceſſaires, il ne me ſeroit pas ſeant de traicter les choſes inutiles. Il n'y a perſonne qui doute que ſi le Pape, ou le Roy d'Eſpagne demandoient que nous euſſions à quitter noſtre Religion ſur peine de la guerre. Cette demande ſeroit auſſi iniuſte que celle que les Perſes firent aux Grecs, de la terre & de l'eau, ou celle des Ammonites aux Iſraelites, de l'œil droict. Et nous

Le Traducteur ne pouuoit pas faire autrement ſans changer le ſens de ſon Autheur.

voyons que tous les Payens intituloient leurs guerres defensiues, *pro aris & focis*, preferant leurs Autels à leurs terres: de sorte que c'est vne chose vaine d'en parler dauantage. Nous dirons seulement que la crainte que nous auons de la subuersion de nos Eglises, du costé d'Espagne, est d'autant plus iuste, que les autres Princes Catholiques se contentent de maintenir leur Religion dans leurs dominations, & ne se meslent point auec les sujets des autres Princes. Au contraire les Espagnols ont tousiours pratiqué du temps de Charles cinquiéme, & du temps de la Ligue de France, & maintenant auec nous, de s'entremesler par traictez auec les Estats Estrangers, & de se declarer protecteurs generaux du party des Catholiques par tout le monde: comme si la Couronne d'Espagne vouloit planter par les armes la Loy du Pape, ainsi que les Ottomans font celle de Mahomet. C'est assez traicté ce poinct touchant la iustification de la querelle, si sa Majesté desire entreprendre la guerre; car tout ce que i'ay dict, & tout ce que ie diray, n'est que pour mon-

monſtrer ce qu'elle peut faire.

La ſeconde partie dont ie me ſuis propoſé de parler ; eſt de balancer les forces d'Eſpagne auec les noſtres. Ce diſcours ne tend auſſi à autre choſe que de vous faire voir, ce que nous pouuons faire; qui eſt de deux ſortes. L'vne comme iuſte ; & l'autre comme poſſible. I'ay deſia parlé de l'vne, il faut que ie vous parle maintenant de l'autre. Ie dis que l'Eſpagnol n'eſt pas vn Geant: & quand bien il ſeroit vn Geant, il en arriueroit comme entre Dauid & Goliath, car Dieu eſt de noſtre coſté. Mais laiſſant tous ces argumens ſur-naturels, & pour parler dans vn ſens humain & politique : Ie me laiſſe porter à croire par ces deux lumieres qui conduiſent tous les hommes, l'Experience & la Raiſon, que les forces d'Angleterre ne doiuent point redouter celles d'Eſpagne. Ie commenceray auec l'experience ; car c'eſt là que la raiſon commence auſſi.

Penſerons nous que ce ſoit vn cas d'aduenture, qu'en toutes les actions de guerre petites & grandes, qui nous ſont arriuées depuis

depuis tant d'années, que nous auons eu quelque chose à debattre auec l'Espagne; Les Anglois en toutes les rencontres ayent eu du meilleur, & en soient sortis à leur honneur. Ce n'est pas la Fortune, elle n'est pas si constante, il y a quelque chose en la nation, & dans le courage naturel des Peuples. Ie vous en veux faire vne liste, tirée d'vne verité historique, qui ne sera point augmentée par l'ornement du langage. Vous me direz que ce discours seroit plus propre à vn General d'armée, quand il est prest de donner bataille, il est vray: mais il n'est pas moins propre à vn Chef de Conseil, lors qu'on delibere de faire la guerre. Ie ne dis pas aussi ces choses pour mespriser les Espagnols, que ie croy estre des meilleurs soldats de l'Europe; & ce nous a esté beaucoup d'honneur, si nous auons tousiours eu de l'aduantage sur eux.

En l'an mil cinq cens septante huict, fut ce 1578.
iour fameux nommé Lamas, qui enseuelit la reputation de Dom Iean d'Austriche, & sa personne incontinent apres. Dom Iean possedant beaucoup plus de forces, assisté

du Prince de Parme, de Mondragon, de Mansele, & des meilleurs Capitaines d'Espagne, estant comme asseuré de la victoire, chargea d'abord l'armée des Estats brauement & furieusement auprés de Rimeuant: mais apres le combat soustenu l'espace d'vn iour, il fut repoussé & contraint de faire retraicte, auec grande perte de ses gens, & le cours de ses entreprises entierement arresté. Cela arriua particulierement par la proüesse, & par la vertu de nos trouppes Angloises & Escossoises, conduites par les sieurs Norris, & Stuart leurs Colonels: lesquelles trouppes n'estoient arriuées à l'armée que le iour d'auparauant, harassées d'vn long & mauuais chemin. Et ce qui est de remarquable, les soldats estant plus sensibles à vn peu de chaleur du Soleil, qu'à vne froide crainte de la mort, ietterent leurs armes & leurs habits, & combattirent en chemises: & tout le monde creut que sans la mort du Comte de Bossu qui chargeoit les Espagnols sur leur retraicte, qu'ils eussent tous absoluëment esté défaicts. Mais ce fut assez que de chastier Dom Iean, &

ſe vanger du traicté de paix, auec lequel il auoit amuſé les Eſtats à ſa venuë. Il n'y a point de doute, qu'outre le témoignage de tous les Hiſtoriens, l'on ne doiue attribuer la fortune de ce iour, au ſeruice que les Anglois & Eſcoſſois y rendirent; en comparaiſon d'vn autre combat, qui fut donné par le meſme Dom Iean à Gemblours, ſix mois auparauant, où le ſuccés fut tout contraire, à cauſe qu'il n'y auoit en l'armée qu'vne poignée d'Anglois & d'Eſcoſſois, qui furent mis en deſordre par leur Caualerie meſme.

La premiere guerre qui fut faicte par les Eſpagnols ſur le Royaume d'Irlande, fut en l'an mil cinq cens quatre-vingts: Parce que le deſſein qu'ils auoient eu ſur *Stukeley* ſe détourna en Afrique; & l'effort qu'ils auoient faict ſur *Sanders* & *Fits-Maurice*, n'eſtoit qu'vne pure folie. En cette année l'Irlande fut enuahie par les forces Italiennes & Eſpagnoles, ſous la banniere du Pape & la conduite de Sainct Ioſeph, n'eſtant que ſept cens hommes, ou peu dauantage, qui prirent terre à Smerivike en la Prouince 1580.

de Kerey. Pauure nombre pour conquerir l'Irlande: car veritablement c'estoit leur dessein. Ils auoient apporté des armes pour cinq mil hommes, en esperance d'en armer les rebelles Irlandois. Leur dessein estoit de se fortifier en quelque forte place de cette pauure & desolée contrée, & de s'y nicher iusques à ce qu'vn plus grand secours leur arriuast. Ils se hasterent à cette entreprise, poussez par vne particuliere raison d'Estat; afin que par cette inuasion sur l'Irlande, & le bruit qu'ils en feroient, Ils troublassent le Conseil d'Angleterre, & fissent diuersion de quelque secours, qu'on preparoit icy pour enuoyer aux Pays-bas. Ils choisirent vne place, où ils bastirent vn Fort, qu'ils nommerent le Fort de l'Or; de là la faim les faisoit quelquesfois sortir dans les boys comme des bestes. Incontinent apres le Fort fut assiegé par le seigneur Grey Viceroy, auec vn plus petit nombre que de ceux qui estoient dans le Fort; heureusement à la verité: car l'on se hasta de s'attacher à eux auparauant que les Rebelles les ioignissent. Apres vn siege de quatre iours ſeulement, & de deux ou trois aſſauts auec perte des leurs: Ceux qui auoient reſolu de tenir bon dans le Fort pluſieurs mois, iuſqu'à ce que le ſecours fuſt arriué d'Eſpagne, ou au moins des rebelles Irlandois, ſe rendirent à diſcretion. Il ne ſe trouua pas aſſez d'hommes dans l'armée Angloiſe pour garder chacun vn priſonnier. Et c'eſt la raiſon pourquoy le Viceroy craignant d'heure en heure d'eſtre attaqué des Rebelles, & ne ſe trouuant pas aſſez de vaiſſeaux pour les renuoyer, ils furent tous mis au fil de l'eſpée, dequoy la Royne Eliſabeth fut puis apres fort faſchée.

En l'an mil cinq cens quatre-vingts deux 1582.
fut cette memorable retraitte de Gand, vn des exploits de guerre qui a eſté le plus eſtimé: par ce que ſelon le iugement des hommes de guerre, les retraictes honorables ne cedent point aux braues combats: veu qu'elles ont moins de fortune, plus de diſcipline & encore plus de valeur: Il y auoit enuiron trois cens cheuaux, & trois mil hommes de pied, commandez par le Cheualier Iean Noris; leſquels furent chargez

par le Prince de Parme fondant ſur eux auec ſept mil hommes de cheual, & outre ce toute l'armée des Eſpagnols eſtoit preſte de marcher. Neantmoins le Cheualier Noris fit ſa retraicte ſans deſordre, iuſqu'à la ville de Gand, l'eſpace de quelques milles, dans vne belle campagne; auec moins de perte de ſes gens que de ceux des Ennemis; Le Duc d'Anjou & le Prince d'Orenge conſiderant auec admiration, de deſſus les murailles de Gand cette belle action.

1585. En l'année mil cinq cens quatre-vingts cinq s'enſuiuit cette heureuſe expedition de Drake & de Carlile dans les Indes Orientales, où ie mets à part la priſe de Sainct Iacques, & de Sainct Dominique en Hiſpaniola, comme ſurpriſes, pluſtoſt que rencontres: mais celle de Cartagene où les Eſpagnols auoient eſté aduertis de noſtre venuë, & auoient aſſemblé leurs forces, fut vne des plus hardies entrepriſes, & le plus dangereux aſſaut qui ſe ſoit point veu. Car pour arriuer à la ville, il n'y auoit qu'vne langue de terre, entre la mer d'vn coſté & la riuiere de l'autre, laquelle eſtoit fortifiée d'vn rampart & d'vne barricade : de ſorte qu'ils auoient vn grand aſcendant ſur nos gens, leur artillerie tonnant & tirant tout droit de deſſus le rampart, & des galleries qui flanquoient ſur la mer, & toutesfois ils forcerent le paſſage, & prindrent la ville. Quant à l'expedition de Drake en mil cinq cens quatre-vingts ſept s'efforçant de prendre les vaiſſeaux Eſpagnols & toutes leurs prouiſions ſur leurs coſtes; ie ſçay bien que le combat ne fut pas furieux. Neantmoins cela nous faict connoiſtre que l'Eſpagne eſt fort foible & tardiue à s'émouuoir; ſouffrant qu'vne petite flotte de vaiſſeaux Anglois, fiſt vne inuaſion dans leurs Haures, ſur leurs coſtes, depuis *Calis à capa ſacra*, & delà à *Caſcau*: & de mettre à feu & à fonds, & emmener leurs plus grands vaiſſeaux, auec cinquante ou ſoixante petits, à la veuë de leurs Forts, & de leur grand Admiral le Marquis de Saincte Croix le meilleur Capitaine de mer qu'ils euſſent, ſans qu'il leur fuſt diſputé par aucun combat d'importance. Il me ſouuient que Drake dans vn ſtile plein de vanité de ſoldat, appelloit cette entreprise *bruler la moustache au Roy d'Espagne.*

1588. L'entreprise de mil cinq cens quatre vingts huict merite bien qu'on s'y arreste dauantage, comme estant vn miracle du temps. L'Espagne en cette année arma la plus puissante flotte qui se soit iamais veuë sur mer : car encore qu'il y en ayt eu de plus grande pour le nombre, toutefois pour la force, pour la structure des vaisseaux, pour les grandes pieces d'artillerie, & pour les prouisions il n'y en eut iamais de semblable. Leur dessein estoit, de ne pas seulement faire vne inuasion, mais vne entiere conqueste du Royaume d'Angleterre. Le nombre des vaisseaux estoit de cent trente, dont il y auoit soixante douze grands gallions, semblables à des tours & des chasteaux flottans, armez de trente mil tant soldats que mariniers. Ils auoient esté plus de cinq ans à preparer cette grande flotte qui auoit receu tant de benedictions du Pape Sixte, & qui auoit esté destinée, comme par vne mission Apostolique, pour reduire ce Royaume à l'obeïssance du Sainct Siege. Et pour vne plus auguste

ste marque de cette saincte guerre, il y auoit douze vaisseaux qu'ils auoient nommez du nom des douze Apostres. Ils auoient encore mis sur pied en Flandres vne puissante armée des vieilles bandes, au nombre de cinquante mil hommes, commandée par le Duc de Parme, vn des meilleurs Capitaines de son temps apres Henry quatriesme, pour se ioindre à leurs forces de mer. Et pour cét effect ils auoient faict faire de longs bateaux pour les transporter sous la faueur de cette grande flotte, ne doutant point qu'elle ne fust Maistresse absoluë de la mer. Contre toutes ces forces nous auions preparé de nostre costé cent Nauires, non pas si grandes, mais bien plus agiles & de meilleur seruice; outre vne flotte de trente vaisseaux pour garder les destroits de mer. Nous auions encores sus pied deux armées, outre dix mil hommes qui estoient dispersez au long des costes du midy. Ces deux armées estoient composées, assauoir, l'vne de vingt cinq mil hommes, tant de pied que de cheual, pour repousser l'ennemy en abordant à terre; & l'autre de vingt cinq mil hommes aussſi, pour garder la Royne, & demeurer à la Cour. Il y auoit encore d'autres ſoldats diſperſez dans toutes les parties du Royaume, mais non pas en corps d'armée. Ces deux armées eſtoient conduictes par deux Generaux de noble extraction, mais pluſtoſt Courtiſans & fideles à l'Eſtat, qu'hommes de guerre : toutefois ils eſtoient aſſiſtez de Capitaines de grande experiēce, & de grande valeur. La fortune de la guerre ſe ioüa au commencement, & rendit cette entrepriſe inutile. La flotte Eſpagnole ſortiſt de Groyne au mois de May, & fut diſperſée ça & là par le mauuais temps. La noſtre fit voile de Plymouth vn peu plus tard, vers les coſtes d'Eſpagne à deſſein de combattre les Eſpagnols : mais à raiſon des vents contraires, & ſur l'aduis qu'elle eut que les Eſpagnols s'eſtoient retirez en arriere, craignant qu'ils ne paſſaſſent auprés des coſtes d'Angleterre, ce pendant qu'elle les cherchoit bien loin, elle retourna pareillement à Plymouth à la my-Iuillet. Nous receumes encores en ce temps-la vn aduis, bien que faux, qu'il eſtoit impoſſible aux Eſpagnols de faire aucune chose cette année-la. Surquoy nostre flotte estoit sur le poinct de se débander, & mesmes quantité de nos gens auoient desia mis pied à terre: lors qu'on découurit sur nos costes Occidentales cette inuincible armée, que toute l'Europe nommoit ainsi par vne ostentation Espagnole. C'estoit vne espece de surprise, car comme nous auons dit plusieurs de nos gens auoient desia mis pied à terre, & nos vaisseaux tout prests de se separer. Neantmoins nostre Admiral auec les vaisseaux qu'il fit accommoder, fit voile deuers eux, en sorte que de cent vaisseaux à peine trente le suiuirent. Neantmoins auec ce peu, & ceux qui luy arriuoient de iour en iour, nous leur donnasmes la chasse: & les Espagnols par faute de courage, qu'ils nommoient faute de commission, refuserent le combat, se mettant à l'abry de leurs plus forts nauires, & s'enfuirent vers Calais. Nos gens les suiuirent cinq ou six iours durant, en combattant continuellement, & firent vn grand carnage des leurs, prindrent deux de leurs grands vaisseaux, & en coulerent quantité à fonds; & en vn mot les mirent tous en déroute, comme si c'eust esté vne défaite; & les nostres receurent peu ou point de dommage. Les Espagnols cependant ancrerent à Calais, en attendant leurs forces de terre, qui ne vindrent pas. Ils allegueremt puis apres que le Duc de Parme auoit artificieusement retardé sa venuë: mais ce n'estoit qv'vne inuention des Espagnols portés d'enuie contre le Duc, à cause qu'il estoit Italien, & que son fils estoit pretendant au Royaume de Portugal. Et ce fut particulierement pour les sauuer du mespris & de la mauuaise reputation qu'ils auoient acquise par le succés de cette entreprise. Leur excuse estoit, que leur General de mer auoit vne commission limitée, qui luy defendoit de combattre, iusqu'à ce que les forces de terre l'eussent ioint; & que le Duc de Parme auoit vn commandement particulier sous main, d'empescher le dessein. Mais c'estoit vne estrange commission, & vne estrange obeïssance qu'on rendoit à cette commission, de voir des hommes parmy le feu & le sang furieusement assaillis, ne se pas defendre: cela est contraire aux loix de la nature & de la necessité. Pour ce qui est du Duc de Parme, on ne luy auoit pas moins promis que de le faire Roy d'Angleterre sous la domination du Pape, & la protection du Roy d'Espagne. Dauantage tout le monde sçait que le Duc demeura long-temps en sa place, en faueur, en credit auprés du Roy d'Espagne; par les grands employs & les seruices qu'il rendit puis apres en France. Mesmes il est tres certain, que le Duc fit tout son possible de se mettre sur mer. Il est vray que la flotte Espagnole ayant éprouué par le combat qu'elle auoit eu auec l'Anglois; combien de dommage elle auoit receu, & combien peu elle en auoit faict, à cause de l'agilité de nos vaisseaux, & de l'experience de nos hommes de mer, estant aussi commandée par vn General de peu de courage & d'experience, ayant perdu dés le cõmencement deux de ses meilleurs Capitaines de mer *Petro de Valdez* & *Michel d'Oquenda*; n'oza pas hazarder vne bataille sur mer: mais se reserua pour faire vne entreprise sur terre. D'autre costé les vaisseaux pour transporter leurs forces, leur manquerent dés le commencement: & le Conseil d'Espagne auoit creu pour certain, que leur florte seroit Maistresse de la Mer, & par ainsi capable de garder & proteger les petits vaisseaux destinez pour transporter leurs forces de terre: & il arriua au contraire que leur flotte fut mise en déroute, & eut bien de la peine à se sauuer elle-mesme. D'ailleurs que les Holandois opposerent à leurs forces de terre, vne braue flotte de trente vaisseaux fort bien équipée & ordonnée. Les choses estant en cét estat, il eust fallu que le Duc de Parme eust vollé, s'il eust eu enuie d'aborder l'Angleterre, d'autant qu'il ne pouuoit auoir ny barques ny mariniers. Il est certain toutesfois que le Duc attendoit de iour à autre le retour de l'armée, mesme au tẽps qu'elle rodoit sur les costes du North. Or pour retourner à l'armée que nous auions laissée à l'ancre auprés de Calais: elle n'y demeura pas long-temps: car ainsi qu'auoit accoustumé de dire plaisamment le sieur RaWley, *elle en fut incontinent chaßée auec des fusées.* Vn petit batteau de feu, sans hommes, enuoyé à la faueur des vents durant la nuict, leur donna vne si furieuse espouuante, qu'ils coupperent leurs cablrs, & laisserent leurs ancres dans la mer. En suite ils demeurerent fort estonnez deux ou trois iours durant vers Graueling, & là ils furent encores battus. Auquel temps nostre seconde flotte qui gardoit les destroits de mer, vint se ioindre à l'autre. Sur ce les Espagnols entrerent en vne plus grande terreur ; & voyant que quantité de leurs vaisseaux couloient à fonds de iour à autre, perdirent tout courage, & au lieu de venir par l'embouchеure de la Tamise tout droit à Londres, comme ils auoiẽt proietté, ils s'enfuirent du costé du North, cherchant leur fortune, estans tousiours poursuiuy de prés par la flotte Angloise, iusqu'à ce que nous fusmes contraints de les laisser par faute de poudre. Les Espagnols ne purent endurer la veuë d'Escosse, ny mesme ils n'oserent pas mettre pied en terre en Irlande : mais seulement annoblirent les costes du débris de leurs vaisseaux, tirant tousiours doucement du costé du North, tant qu'ils furent en doute d'estre poursuiuis. En fin se voyans tous seuls & hors de danger, ils reprindrent la route d'Eſpagne, ayant perdu ſoixante vaiſſeaux, & la plus grande partie de leurs hommes. Voila la fin de ce Geant de mer, de cette inuincible armée, qui ne brula pas ſeulement vn de nos villages ſur terre, ny meſme ne prit pas le moindre petit batteau ſur mer: mais qui voguoit ça & là dans les deſerts de la mer du North, & qui ſelon la malediction de l'Eſcriture, vint contre nous par vn chemin, & s'enfuit de deuant nous par ſept chemins: ne ſeruant ſeulement qu'à rendre le iugement d'vn Aſtrologue veritable, qui auoit predit long-temps auparauant, *octuageſimus octauus mirabilis annus*: mais pour faire voir à la poſterité les merueilleux iugemens de Dieu, ſur ceux qui aſpirent à des orgueilleuſes entrepriſes.

1589. L'année ſuiuante mil cinq cens quatre-vingts neuf, nous ne donnaſmes point d'haleine aux Eſpagnols: mais nous deuinſmes Agreſſeurs, & miſmes pied à terre en l'Eſpagne; & quoy que nous manquaſmes à noſtre entrepriſe, qui eſtoit de reſtablir *Dom Anthonio*, au Royaume de Portugal, toutesfois on aura de la peine à rencontrer vne action qui

nous

reuele mieux les ſecrets de la puiſſance d'Eſpagne, laquelle eſtant bien conſiderée, conſiſte pluſtoſt en de vieilles bandes, qu'elle a touſiours eu ſur pied en quelque partie de la Chreſtienté, depuis ſoixante ans, qu'en la force de ſes Royaumes & de ſes Prouinces. Car qu'y a t'il rien de plus eſtrange, & qui face mieux cognoiſtre l'impuiſſance d'Eſpagne ſur ſa terre; de dire qu'vne armée de dix mil Anglois, auec vne flotte de vingt-ſix nauires de guerre, & quelques petits vaiſſeaux pour le tranſport, priſt en deux mois par eſcallade vne ville d'importance, en battit & aſſaillit vne autre, défit de grandes forces en campagne, força vn pont puiſſamment barricadé, mit l'armée à terre en trois diuers lieux du Royaume, marcha ſept iours dans le cœur de l'Eſpagne, logea trois nuicts dans les fauxbourgs de la ville principale, battit ſes forces iuſques dans les portes d'icelle, poſſeda deux Forts ſur la frontiere, & s'en reuint apres tout cela auec peu de perte d'hommes, ſinon que par maladie. Et l'on creut pour veritable, que ſans trois malheurs qui nous arriuerent en ce voyage, ſçauoir le defaut de prouiſions, & particulie-ment de canons de batterie, & ſans le mau-uais ordre de la flotte qui auoit eſté ordon-née de mõter la riuiere de Liſbonne, & enfin ſans les maladies qui arriuerent à l'armée à cauſe de la chaleur de la ſaiſon, & du déreglement des ſoldats; l'entrepriſe euſt eu ſans doute vn bon ſuccés, & Liſbonne euſt eſté emportée. Mais quoy qu'il en ſoit, cecy fait voir à tout le monde que peu d'Anglois faiſant vne inuaſion en Eſpagne, peuuent auoir vne iuſte eſperance de victoire, ou au moins vn paſſeport pour s'en retourner en ſeureté.

1591. En l'an mil cinq cens quatre-vingts vnze arriua ce memorable combat d'vn Nauire Anglois, nommé la Reuenge, commandé par le Cheualier Greeneuill, memorable diſie, & preſque incroyable. Et quoy que ce ne fuſt qu'vne défaite, elle ſurpaſſoit pourtant vne victoire, ſemblable à Samſon qui tua plus d'hommes à ſa mort qu'il n'auoit fait pendant toute ſa vie. Ce Nauire l'eſpace de quinze heures, demeura comme vn cerf parmy les chiens, aſſiegé & combattu de quinze grands vaiſſeaux d'Eſpagne, faiſant partie d'vne flotte composée de cinquante cinq vaisseaux, le reste estant vn peu esloigné pour leur seruir d'ayde. Parmy ces grands Nauires qui combattoient, le grand Sainct Philippe en estoit vn, Nauire de quinze cens tonneaux, Prince des douze Apostres de mer, qui fut bien aise d'esquiuer de la Reuenge. Ce braue vaisseau Reuenge, n'ayant que deux cens tant soldats que mariniers, dont il y en auoit quatre-vingts de malades. Neantmoins apres vn combat soustenu quinze heures durãt, & deux Nauires de l'ennemy coulez à fonds à ses costez, apres vn grand carnage d'hommes, ne se rendit iamais que par composition. Les Ennemis admirant eux-mesmes la vertu du Capitaine, & toute la tragedie du Nauire.

En l'an mil cinq cens quatre-vingts seize, 1596.
fut la seconde inuasion que nous fismes sur la terre d'Espagne, heureusement acheuée par ce grand & fameux Comte de Nottingant Admiral. Cette iournée passa comme vn esclair: car en moins de quinze heures, la flotte du Roy d'Espagne fut défaite, & la ville de Calis prinse. Leur flotte estoit de cin-

quante grands vaisseaux auec vingt Galeres. Leurs Nauires furent battus & mis en fuite auec vne telle furie, que les Espagnols furent eux-mesmes leurs Executeurs, & les brulerent de leurs propres mains, & les Galeres se retirerent au long des costes. La ville estoit belle, forte, bien bastie, riche, fameuse dans l'antiquité, & dont auiourd'huy on parle à cause de ce desastre. Il y auoit dedans quatre mil hommes de pied, & quatre cens de cheual. Elle fut saccagée & brulée, bien qu'on vsa d'vne grande clemence enuers les habitans. Mais ce qui n'est pas moins estrange que cette soudaine victoire: c'est la grande patience des Espagnols, qui nous voyans demeurer sur leurs terres plusieurs iours, ne nous firent aucun dommage, ny ne nous suiuirent point, & ne firent aucune action de reuanche par apres.

1600. En l'an mil six cens fut donnée la bataille de NeWport aux Pays-bas, la seule bataille qui ait esté donnée depuis beaucoup d'années en ça, en ces pays-la: parce que les batailles dans les guerres de France ont esté fort frequentes, mais fort rares en Flandres.

Les Holandois estoient sur la defensiue. Les forces des deux armées n'estoient pas fort inegales: celle des Estats excedoit en quelque chose l'autre; mais elle estoit recompensée par la qualité des soldats, les Espagnols ayāt choisy la fleur de toutes leurs forces. L'Archiduc estoit l'assaillant, & gagna le fruict de sa diligence: car il chargea quelques compagnies Escossoises, qui auoient esté enuoyées pour garder vn passage, & par ainsi separées du corps de l'armée : & les tailla en pieces. Cette braue infanterie ne pouuant pas faire vne honorable retraite, ny vne fuite deshonorable, garda la place iusqu'à la mort. Cette entrée à la bataille aiguisa le courage des Espagnols, bien qu'il émoussa leurs espees; en sorte qu'ils marcherent orgueilleusement auec vne asseurance de faire vne défaite de toute l'armée. La rencontre qu'ils firent de la bataille qui suiuoit, fut vne iuste rencōtre qui ne fut point precipitée. La fortune de ce iour là ne s'arresta pas sur quelques rangs, mais tous les Escadrons firent preuue & combatirent, non pas sans nous faire douter du succez. *Stat pedi pes, densúsq-*

que viro vir. Il arriua quelque faute dans l'armee des Holandois, prouenant de la trop grand'haste, que quelques vns de leurs gens eurent de ioindre les ennemis, qui empescha que leurs grosses pieces d'artillerie ne tirassent : mais en fin les Espagnols furent tous défaicts, & plus de cinq mil hommes tant prins que tuez ; entre lesquels estoient les principaux de l'armée. L'honneur de cette iournée fut donnée par les ennemis & les Holandois mesmes aux Anglois. Le sieur François Vere dans vn Commentaire particulier qu'il a faict de ce combat, rend vn tesmoignage, que de quinze cens qu'ils estoient en tout, huict cens furent tuez sur la place. Et ce qui est presque incroyable dans vn iour de victoire, de sept cens qui restoient, il n'y en eut que deux qui ne furent point blessez. Le sieur François Vere emporta le premier honneur de cette action, auquel le Prince d'Orenge auoit donné ce iour là la direction de l'armée, & apres luy le sieur Horace Vere son frere, fut vn des premiers à se faire signaler dans le combat. Les sieurs Cecile & Ogle y rendirent aussi vn feruice eminent.

En l'an mil fix cens vn, arriua la bataille 1601.
de Kinfale en Irlande. Par cette inuafion, l'on iugera combien de temps vn Efpagnol peut viure fur la terre d'Irlande, qui n'eft pas plus haut de trois ou quatre mois. Les Efpagnols y eurent tous les aduantages du monde: & perfonne ne croira, confiderant le peu de forces qu'on employa contre eux, qu'on les euft chaffez fi toft. Ils obtindrent fans refiftance la ville de *Kinfale*, fur la fin de Septembre, vne petite garnifon de cent cinquante foldats laiffans la ville, & les habitans les receuans comme amis. Le nombre des Efpagnols qui fe mirent dans la ville, eftoit de deux mille foldats des vieilles bandes, fous la conduite de Dom Iean d'Aquila, homme de grande valeur. La ville eftoit forte d'elle-mefme. Il n'y manquoit auffi aucune induftrie pour la fortifier de tous coftez, & la rendre tenable, felon la forme & la difcipline des fortifications Efpagnoles. En ce temps-là les Rebelles Irlandois eftoient deuenus fort orgueilleux, eftãs encouragez des premiers fuccez. Car enco-

res que le seigneur Montioye Viceroy, & le sieur CareW President de *Munster* eussent rendu plusieurs bons seruices à leur preiudice; toutesfois la défaite qu'ils auoient faite des Anglois à *Blackevvater* vn peu auparauant, & le traicté qu'ils auoient faict auec le Comte d'Essex vn peu trop à leur honneur, estoit encore tout fraiz en leur memoire. Le Viceroy n'y perdit point de temps, & fit ses diligences pour recouurer la ville auparauant qu'il leur arriuast vn noueau secours; l'inuestit en Octobre, & y mist le siege durant trois mois d'hyuer. Durant ce temps-là, les Espagnols firent quelques sorties: mais ils furent tousiours repoussez auec perte. En Ianuier vn noueau secours vint d'Espagne, de deux mil hommes & plus, commandez par Alphonso d'Ocampo. Sur l'esperance de ce secours Tirone & Odell assemblerent leurs forces, au nombre de sept mil hommes, sans conter les regimens Espagnols, & se mirent en campagne, resolus de secourir la ville, de faire leuer le siege, & de donner bataille aux Anglois: voicy la disposition. L'armée Angloise

gloiſe eſtoit de ſix mil hommes fatiguez & laſſez d'vn long ſiege d'hyuer, engagez au milieu d'vne armée qui eſtoit en bien plus grand nombre que la leur, fraiſche & vigoureuſe, & d'vne ville bien fortifiée & remplie de bons hommes. Mais quel fut l'éuenement? Le voicy en peu de mots. Apres que les forces Irlandoiſes & Eſpagnoles fuſſent arriuées, & ſe fuſſent monſtrées fort braues & leſtes; ils ſe contenterent de rendre l'honneur aux Anglois, qui fut de les charger les premiers: & quand on vint au combat, on ne remarqua point d'autre difference, entre la valeur des Rebelles Irlandois & des Eſpagnols, ſinon que les vns s'enfuirent deuant que d'eſtre chargez, & les autres incontinent apres. Dauantage les Eſpagnols qui eſtoient dans la ville, auoient vne ſi bonne memoire des pertes de leur premiere ſortie, qu'vne armée qui eſtoit venuë pour leur deliurance ne les put pas attirer dehors. Pour concluſion, les Anglois eurent vne victoire abſoluë, ayant tué plus de deux mil des Ennemis, prins neuf Enſeignes, dont il y en auoit ſix Eſpagnoles, auec le General d'Ocampo prisonnier ; & eux auec si peu de perte, qu'il n'est pas croyable, n'ayant perdu qu'vn homme le Cornette du sieur Greame, auec beaucoup de blessez. Immediatement apres la défaicte, la ville fut renduë par composition, & non seulement ce, mais par expresses articles il fut accordé, que toutes les forces Espagnoles qui estoient en diuers lieux dans l'Irlande s'en iroient, ce qu'ils firent : & rendirent aussi toutes les places, où ils s'estoient mis, bien plus fortes que celle de *Kinsale*, comme *Castlehauen*, *Baltimore*, & *Beeramer*. Ils s'en allerent veritablement au son des trompettes, en publiant & trompetant toutes sortes de reproches contre la terre & la natiõ Irlãdoise: de façõ que d'Aquila dit tout haut en traictant, *Que quand le Diable monstra sur vne montagne à Jesus-Christ tous les Royaumes de la terre, & toute leur gloire, il ne doutoit point que le Diable ne se fust reserué l'Irlande, & ne l'eust gardée pour luy-mesme.*

Ie me contente de ces exemples icy, passant sous silence beaucoup d'autres preuues de la valeur & de la fortune des Anglois en ces derniers temps : comme aux fauxbourgs de Paris, à Graueline, à Dreux en Normandie, en quelques rencontres en Bretagne, à Ostende, & plusieurs autres : dautant que ce ne sont pas rencontres faites auec les Espagnols & les Anglois : & aussi qu'elles n'ont pas esté si remarquables qu'elles meritassent d'estre iointes auec les premieres, que ie vous ay cy-deuant alleguées. Il est vray que parmy les dernieres aduentures, les voyages de Drake & de Iean HaWkims aux Indes Occidẽtales ont esté malheureux. Neantmoins ce n'est pas d'vne sorte qu'ils puissent interrompre la possession en laquelle nous sommes d'auoir tousiours eu du meilleur sur les Espagnols, en tous les derniers combats : d'autant que le desastre de cette iournée arriua particulierement par maladie, comme il appert par la mort des deux Generaux Drake & HaWkims, qui moururent de la mesme maladie que les autres. L'entreprise sur terre de *Panama* prouint d'vn mauuais conseil, en ne prenant pas bien ses mesures ; car elle fut fondée sur vne fausse creance qu'on auoit, que les passages vers *Panama* n'estoient pas mieux fortifiez que Drake les auoit laissez. Toutesfois ce ne fut pas vn combat d'importance, mais vne retraicte; Apres que les Anglois eussent éprouué la force de leur premier Fort, & eussent cognoissance des deux autres Forts bien plus esloignez, prés desquels ils deuoient marcher. Il est vray que dans le retour de nostre flotte Angloise, elle fut attaquée par Auellaneda Admiral de vingt grands Nauires Espagnols, la nostre n'estant que de quatorze vaisseaux remplis de malades, priuez de leurs Generaux, & n'ayant autre dessein que de retourner chez eux. Neantmoins les Espagnols ne leur donnerent qu'vne salue auprés du Cap de *los Corientes*, auec quelque petit combat, encores s'en retirerent ils auec perte, quoy que ce fust vne chose nouuelle aux Espagnols d'en receuoir si peu, dans toutes les actions où ils ont eu à démesler auec les Anglois. Auellaneda en tira vne grande vanité: & il n'auoit faict autre chose que de les auoir accompagnez de bien loing, du Cape de *los Corientes*, au Cap *Antonio*;

Neantmoins dans vn langage d'vn soldat & d'vn Espagnol il l'appela *vne chasse*.

Mais deuant que ie passe outre, il est à propos de respondre à vne obiection, qui fera que la cõclusion que nous tirerons des experiences des temps passez, aux temps presens, sera bien meilleure & bien plus parfaite. L'on nous pourra dire qu'aux premiers temps dont nous auons parlé, l'Espagne n'estoit pas si puissante qu'elle est auiourd'huy; & que l'Angleterre de l'autre costé auoit toutes choses bien plus prestes pour entreprendre. C'est pourquoy comparons indifferemment ces disparitez du temps: & nous verrons clairement, qu'elles seront à l'auantage de l'Angleterre en ce temps icy. Mais dautant que nous ne voulons pas nous esgarer dans les choses generales, nous nous arresterons aux temps precis, comparant l'estat d'Espagne & d'Angleterre, de l'année quatre vingts huict, auec la presente qui court. En traictant ce poinct, ie ne me mesleray point des comparaisons personnelles des Princes, des Ministres, & des Capitaines tant de mer que de terre, qui estoient en ce temps-la, & qui ſont auiourd'huy dans les deux Royaumes, d'Eſpagne & d'Angleterre : mais ſeulement ie m'arreſteray ſur des poincts reels, pour balancer iuſtement l'eſtat des forces & des affaires des deux temps. Neantmoins ie vous ferois bien voir clairement par ces comparaiſons perſonnelles, que la balance l'emporte de noſtre coſté. Mais ie les laiſſe, à cauſe que ie ne veux rien dire du preſent gouuernement, qui tienne de l'eſprit de flaterie ou de cenſure.

Premierement il eſt certain que l'Eſpagne ne poſſede pas auiourd'huy vn pied de terre paiſiblement de plus qu'elle auoit en quatre vingts huict. Quant à la Valtoline & au Palatinat. C'eſt vne maxime d'Eſtat, que tous païs de nouuelle conqueſte ſont à charge, iuſques à ce que l'eſtabliſſement en ſoit bien faict & arreſté. D'autre coſté l'Angleterre s'eſt vny l'Eſcoſſe, & reduict l'Irlande à l'obeïſſance, qui ſont de puiſſantes augmentations.

Secondement en quatre vingts huict le Royaume de France capable ſeul de contrepoizer l'Eſpagne, eſtoit broüillé de la Ligue qui donnoit la loy à son Roy, & dépendoit entierement d'Espagne. Auiourd'huy la France est vnie sous vn Roy ieune & vaillant, generalement obey, Roy de Nauarre aussi bien que de France, & qui n'est en façon du monde prisonnier, quoy qu'il soit lié d'vne double chaisne d'alliance auec l'Espagne.

En troisiesme lieu il y auoit en quatre-vingts huict dans le siege de Rome, vn Moyne tonnant & fier, qui remettoit toutes choses entre six & sept, ou de six à cinq, si nous faisons allusion à son nom : & encores qu'il eust enuie puis apres de monstrer les dents à l'Espagne, il eust eu bien de la peine deuant que d'en venir là. A present est monté au Siege vn personnage par vne legitime élection, qui n'est en façon du monde obligé au party des Espagnols : homme nourry dans les Ambassades & dans les affaires d'Estat, qui tient beaucoup du Prince, & rien du Moyne; Et encores qu'il aime bien la chaire, il aime pourtant le tapis par dessus la chaire, c'est à dire l'Italie auec ses libertez.

En quatriesme lieu, le Roy de Dannemark en quatre-vingts huict estoit incognu à l'Angleterre, & inclinoit plustost du costé d'Espagne. Auiourd'huy il est allié au sang d'Angleterre, & engagé dans la querelle du Palatinat. Alors mesme Venize, Sauoye, les Princes & les villes d'Allemagne, n'auoient qu'vne crainte de la grandeur d'Espagne, & seulement vne apprehension des desseins ambitieux des Espagnols. Maintenant cette crainte est aiguisée par les entreprises des Espagnols sur la Valtoline, & sur le Palatinat, qui est proche d'eux.

En cinquiesme & dernier lieu, le Holandois, qui est en perpetuelle luitte auec l'Espagne, possede maintenant cinq Nauires contre vn, & la mesme proportion en tresors & commoditez à celles qu'ils auoient en quatre-vingts huict : mesme il n'est pas possible, quelque chose qu'on dise, que les coffres d'Espagne soient plus pleins auiourd'huy qu'ils estoient en quatre-vingts huict: car l'Espagne n'auoit point en ce temps-là d'autre guerre, que celle des Pays-bas, qui estoit comme ordinaire. A present elle a ioint à

celle

celle-la, vne extraordinaire de la Valtoline & du Palatinat. Et par ainsi ie conclus ma réponse à cette obiection touchant la difference des temps, ne penetrant pas dans de plus secrets passages d'Estat, mais gardant ce stile dont parle Seneque; *Plus significat quàm loquitur.*

Ie passerois icy sous silence cette matiere d'experience, si ie ne croyois qu'il fust necessaire de vous découurir vne tres-fausse obseruation, qui est communément receuë d'vn chacun, contraire à la vraye relation des temps & de l'experience. C'est assauoir qu'aussi-tost que l'Espagnol a mis le pied en quelque lieu, il n'en sort iamais ou fort peu souuent. Il n'y a rien de plus faux que cela. Il n'y a pas long-temps qu'ils entrerent en Bresse & en quelques lieux de la Bretagne, & apres en sortirent. Ils tenoient Calais, Ardes, Amiens, & apres les rendirent, ou plustost en furent chassez. Depuis ce temps-là ils ont eu Verselle, & l'ont quitté. L'autre iour ils auoient la Valtoline, & auiourd'huy ils l'ont mise en depost. Nous verrons auec le temps ce qu'ils feront à Ormus, que le Perſan a pris ſur eux. De ſorte que pour en parler franchement & veritablement, ils ont faict quantité d'entrepriſes, & n'en ont ſouſtenu aucune conſtamment; du tout contraire à cette mauuaiſe tradition qu'on a d'eux. Auparauant ce temps-là, laiſſant les pourſuites qu'ils ont faictes en Afrique, que depuis ils abandonnerent, lors que leur grand Empereur Charles auoit bouché la Germanie, il fut contraint à la fin de ſortir d'Iſpruch aux flambeaux, comme en maſcarade, & de quitter tout ce qu'il auoit gagné en Allemagne. Ie ne doute point que la meſme choſe n'arriue au Palatinat, & que l'Empereur ne ſoit contraint d'en ſortir de la meſme ſorte. Et par ainſi ie conclus ce fondement que i'ay poſé, que l'Eſpagne ne peut faire de mal à la grande Bretagne, quand ſa Majeſté voudra entreprendre la guerre tant par l'experience, que par l'hiſtoire du temps.

Parmy ces fondemens de raiſon, i'en feray vn extraict des principales, & les deduiray brieuement. Quant à la ſcituation, ie paſſe par deſſus, quoy que ce ne ſoit pas vn poinct de petite conſequence. L'Angleterre, l'Escosse, l'Irlande, & nos Confederez les Prouinces vnies, sont scituées d'vne telle façon, qu'elles ne sont pas accessibles que par mer, ou au moins il faut passer de grandes riuieres, qui sont de naturelles fortifications. Quant aux Prouinces d'Espagne, elles sont si separées les vnes des autres, qu'il est bien aisé de faire choix du lieu de la guerre, & de mener du secours où on aura du dessein. Il y a trois moyens, pour la puissance militaire, hommes, argent, & Confederez. Pour les hommes, il faut considerer la valeur & le nombre. Ie ne parle point de la valeur, prenez là des témoignages que i'ay produits cy-deuant; toutesfois cette ancienne obseruation n'est pas fausse, que la valeur des Espagnols gist en l'œil de celuy qui y regarde: mais que la valeur des Anglois gist dans le cœur des soldats. La valeur de la gloire, & la valeur d'vn courage naturel sont deux choses differentes. Mais passons outre, & parlons du nombre. L'Espagne est vne nation bien clair-semée de peuple, en partie à cause de la sterilité du terroir, & en partie à cause des habitans qui en sont tirez pour diuers employs, dans la grãde estenduë des terres qu'ils possedẽt. De sorte qu'on a tenu pour miracle, de voir dix ou douze mille Espagnols natifs en vne armée. Et il est certain, comme nous auons dict cy-deuãt en passant, que le secret de la puissance d'Espagne consiste en de vieilles bandes, composées de forces meslangées de toutes sortes de nations, que depuis beaucoup d'années en ça, ils ont eu sur pied, en toutes sortes d'occasions: & s'il leur arriuoit vne mauuaise fortune dans vne bataille, il leur seroit bien difficile d'y suppleer. On fait vn compte d'vn Ambassadeur Espagnol, qui estant vn iour dans le tresor de Sainct Marc à Venize, auoit les yeux fichez en terre; estant interrogé, pourquoy il auoit la veuë en bas, il respondit *qu'il consideroit, si ce Thresor n'auoit point de racine, comme son Maistre auoit, afin que si on le dépendoit, il recreust puis apres.* Mais quoy qu'il en soit de leur Tresor, veritablement leurs forces auront bien de la peine à trouuer des racines, si elles en ont, elles sont bien tardiues à germer. Il est vray qu'ils ont les Walons qui sont de robustes soldats: mais leur pays n'eſt qu'vn coin de terre. Et d'vn autre coſté il ne ſe trouue point dans le monde, vne ſemblable ſource d'vn peuple braue & militaire, comme eſt l'Angleterre, l'Eſcoſſe, l'Irlande , auec les Prouinces vnies : ſi les guerres les fauchent, ils reuiennent bien-toſt.

Quant à l'argent, il n'y a point de doute que ce ne ſoit vne des principales parties de la grandeur d'Eſpagne: car par là elle maintient ſes vieilles bandes: & l'Eſpagne eſt le ſeul Eſtat de l'Europe où croiſt l'argent. Mais c'eſt en cette partie ſur toutes les autres, que nous deuons conſiderer le chatoüilleux & foible eſtat de la grandeur d'Eſpagne. Leur grandeur conſiſte en leur treſor; leur treſor en leurs Indes; & leurs Indes, ſi l'on peſe les choſes, ne ſont qu'acceſſoires à ceux qui ſont maiſtres de la mer; de ſorte que l'eſſieu ſur lequel tourne leur grandeur ſera bien-toſt couppé par celuy qui ſera plus fort qu'eux ſur mer. C'eſt icy que ie me remets aux opiniōs de toutes ſortes de perſonnes, ennemies ou autres; ſçauoir, ſi les forces maritimes de la grande Bretagne & des Prouinces vnies, ne ſont pas capables de battre les Eſpagnols ſur mer. Si cela eſt, les chaiſnons de cette chaiſne ſur laquelle ils tiennent leur grandeur ſont diſſouz. Mais ſi l'on dict, Poſez le cas, que l'Eſpagne ſoit telle que nous auons dict, venons à nous meſmes, & nous ne nous trouuerrons pas peut-eſtre en eſtat, pour le treſor, d'entrer en guerre auec l'Eſpagne. A quoy ie reſpons, que ie ne penſe pas cela, tout va bien, & les bourſes des cœurs des peuples ſont pleines. Mais il y a vn autre point qui reſout cette obiection; Car encores que les guerres ſoient les cauſes generales de la pauureté, & de la dépenſe de l'argent: Au contraire la principale nature de cette guerre, ſi on la faict contre l'Eſpagne, par mer, eſt pour eſtre lucratiue & aduantageuſe. De ſorte que ſi nous y marchons rondement au commencement, la guerre ſe continuera d'elle meſme. C'eſt pourquoy il faut faire vne grande difference entre les labeurs d'Hercule par terre, & les voyages de Iaſon par mer, pour la Toiſon d'or.

Quant aux Confederez, ie ne pretens pas de vous donner la cognoiſſance, de quelle ſorte les Princes & les Eſtats de l'Europe ſont affectionnez enuers l'Eſpagne: car c'eſt penetrer dans les ſecrettes occurrences du temps preſent; & en tout ce traicté icy, ie me ſuis empeſché d'en dire mon aduis. Mais pour parler de ce que nous voyons; Ie vois que les Princes ont beaucoup de ſujets de querelle & de ialouſie; & peu d'amitié & de confiance auec l'Eſpagne. Ie vois que la France eſt en competence auec elle, pour trois principales parties de ſa Monarchie, Nauarre, Naples, & Milan; & depuis peu en different touchant la Valtoline. Ie vois qu'vne fois en trente ou quarante ans, vient vn Pape qui iette les yeux ſur le Royaume de Naple, pour le recouurer à l'Egliſe; comme auoient proietté Iules II. Paul IV. & Sixte V. Quant à ce grand corps d'Allemagne, ie vois qu'ils ont bien plus de raiſon de faire alliance auec les Roys de France, de la grande Bretagne, & de Dannemark, pour la liberté de la nation Allemande, & pour l'expulſion des forces Eſpagnoles & eſtrangeres, qu'ils n'auoient pas és années mil cinq cens cinquante deux, & mil cinq cens cinquante trois, auquel temps ils se liguerent auec Henry second, sur les mesmes articles, contre Charles Quint, qui auoit prins possession d'vne grande partie de l'Allemagne, parmy le discord des Princes Allemans, qu'il auoit luy-mesme semé & fomenté. Laquelle ligue fit en ce temps-là son effect, & chassa tous les Espagnols de cette partie d'Allemagne, & restablit la nation en son ancienne liberté, & en son honneur. Pour les Indes Occidentales, bien que l'Espagne n'y aye pas receu beaucoup d'eschet, si ce n'a esté d'Angleterre : ie vois neantmoins que tous les Princes y ont quelque espece de pretention, n'estimant les tiltres des Espagnols que comme des monopoles de ces grands pays, où ils n'ont en la plus grande partie qu'vne possession imaginaire. Quant à l'Afrique du costé d'Occident, les Mores chassez de Valence auec leurs Alliez, pendent comme vne nuée ou vne tempeste sur l'Espagne. Gabor du costé d'Orient, est semblable à vn vent qui s'éleue tous les ans sur le party d'Austriche. Et la Perse est entrée en hostilité auec l'Espagne, & luy a donné le

pre-

premier coup en prenant Ormus. C'est vne obseruatiõ qu'vn chacun a faicte, que Venise tient que son Estat est presque en feu, si les Espagnols retiennent la Valtoline. La Sauoye a appris par vne nouuelle experience, que l'alliance d'Espagne, n'est pas vne seureté contre l'ambition d'Espagne. Et la Bauiere sçait trop bien que les merites & les seruices n'obligent les Espagnols que d'vn iour à l'autre. Ie ne dis pas pourtant, nonobstant toutes ces choses, que l'Espagne ne purifie ce mauuais sang, par les particulieres & artificieuses negotiations : mais il est encores dans le corps, & se changera en de mauuais accidens, lors qu'on n'y pensera pas. Au moins ces choses icy nous font voir clairement ce qui peut seruir à nostre dessein; que l'Espagne est fort destituée de Confederez, qui luy soient fideles & asseurez. Et c'est pourquoy ie concluray ce discours auec vne parole d'vn Conseiller d'Estat d'Espagne, qui n'est pas sans mystere. Il dit vn iour à son Roy sur quelque occasion qui se presentoit: *Sire, ie diray à vostre Maiesté ce mot pour sa consolation: Elle n'a plus que deux*

Ennemis ; l'vn est tout le monde en general ; & l'autre sont vos propres Ministres. Et là dessus ie finiray cette seconde partie dont ie m'estois proposé de parler : qui estoit de balancer les forces d'entre les Roys d'Angleterre & d'Espagne.

R.F.

FIN.

www.ingramcontent.com/pod-product-compliance
Ingram Content Group UK Ltd.
Pitfield, Milton Keynes, MK11 3LW, UK
UKHW020938180726
13838UKWH00003B/1017

9 782329 373508